Thoralf Probst

ReimZeit Zwei

Bibliografische Information der Deutschen Nationalbibliothek:
Die Deutsche Nationalbibliothek verzeichnet diese
Publikation in der Deutschen Nationalbibliografie; detaillierte
bibliografische Daten sind im Internet über http://dnb.dnb.de
abrufbar.

Fotografien: Sonnhild und Thoralf Probst

Verlag: BoD · Books on Demand GmbH, In de Tarpen 42,
22848 Norderstedt, bod@bod.de

Druck: Libri Plureos GmbH, Friedensallee 273, 22763
Hamburg

ISBN: 978-3-7693-7585-5

VORWORT

2020 wurde „ReimZeit" (Nummer eins) veröffentlicht. Der Titel gefällt mir immer noch so gut, dass ich ihn beibehalten möchte. Man kann dieses Büchlein ja durchaus auch als Fortsetzung betrachten.

Auch in „ReimZeit Zwei" geht es unterhaltend, kritisch, humorvoll und natürlich in Verse geschmiedet durch viele Bereiche des Lebens.

Dazu wünsche ich allen ein richtig gutes Lesevergnügen.

Ich glaube, wir alle lieben die

NATUR. Sie bringt uns zum

Staunen und zum Träumen. Wir leben

mittendrin. Immer wieder gibt es

etwas zu entdecken.

Am Morgen

Das Feuer der Sonne noch hinter der Welt.

Der Morgen, er ist nicht mehr fern.

Orangerotes Leuchten steht schwach überm Feld.

Noch blinkt mir am Himmel manch Stern.

Den Mond, rund und gelb, sieht im Westen mein Blick,

am Firmament die Majestät.

Das Schwarze der Nacht, es verliert Stück für

Stück.

Die Sicht auf die Sterne vergeht.

Wo eben noch tausende Welten gefunkelt,

unendlich weit weg, auf pechschwarzem Samt,

wird die Szenerie von der Sonne entdunkelt,

die nun ihre Strahlen im Osten entflammt.

Am Anfang noch zart und mit tiefrotem Schein

steigt sie aus der Tiefe des Himmels empor.

Bald wird sie weißgelb und grell leuchtend sein,

bringt Licht und bringt Wärme des Tages hervor.

Flocken raus 1

Mit einem weißen Hauch, ganz sacht,

wurde grad unser Haus bedacht.

Ganz weich setzten die Flocken auf.

Danach noch mehr, gleich obendrauf.

Auf jedem Ziegel liegt nun pur,

gleich einer zuckrigen Glasur,

ein weiches Deckchen frischer Schnee.

Ihr wisst, dass ich darauf nicht steh.

Denn, wenn es jetzt so weiter schneit,

beginnt auch bald die Räumungszeit.

Dann heißt es, wieder Schnee zu schieben.

Genau dies, werde ich nie lieben.

Ja . . . , früher war das andersrum.

Wir freuten uns alle wie dumm,

wenn alles weiß war, voll von Schnee.

Schlittern und rodeln, . . . joh, juchee.

Nun, das war eine and're Zeit.

Für Schnee bin ich bedingt bereit.

Ganz heimlich freu ich mich im Winter

über den Schnee nur für die Kinder.

Flocken raus 2

Es kracht und poltert auf dem Dach.

Ich denk mir, jetzt schau ich mal nach,

was da so auf die Ziegel prallt.

Ich gehe raus. Mann ist das kalt.

Von oben rieseln weiße Sterne.

Das Zeug haben die Kinder gerne.

Sie nennen es ganz flockig „Schnee".

Jetzt fällt so'n Teil mir auf den Zeh.

Die Kleinen lieben diese Flocken.

Mir ist's am Fuß kalt, ohne Socken.

Dann kommt es mir plötzlich so vor,

als fliegt mir Schnee ins linke Ohr.

Die Flocken wirbeln wie besoffen.

Nun werde ich am Hals getroffen.

Lädiert gehe ich wieder rein.

Brr, . . . Winterzeit. Das muss nicht sein.

Ein Heißgetränk muss sofort her,

sonst kenn ich keine Freunde mehr.

Oh ja, beim dritten Glühweinglas

macht so ein Winter wieder Spaß.

Frühlingswärme

Der Wind streift, sanft nur, meine Haut.

Ein leises Rascheln grünend Blätter.

Ich habe mich hinaus getraut.

Gar zu verlockend ist das Wetter.

Noch gestern hatte ich gedacht,

dass Kühle jeden Spaß vertreibt.

Doch nach der nun verblichen Nacht,

sich frühlingshafte Wärme zeigt.

Die warme Kleidung bleibt im Schrank.

Mein Körper will heut Sonne tanken.

Belegt die alte Gartenbank

und wird mir dies ganz sicher danken.

Man spürt die Ruhe tief in sich,

froh über die Gelegenheit.

Ein Wohlgefühl ist das für mich

an diesem Ort zur Frühlingszeit.

Die Holzbiene

Die Holzbiene ist ein sehr schönes Insekt.

Ich habe sie bei uns im Garten entdeckt.

Hier irgendwo wohnt sie. Ich weiß es genau.

Startet ihre Flüge und ist wohl recht schlau.

Denn auch viele Vögel seh ich jeden Tag.

Kaum einer dabei, der solch Bienen nicht mag.

Doch unsere Holzbiene macht sich nichts draus,

weicht Sperling und Amsel, selbst Schwalben gut aus.

Auf ihrer Bestäubungstour sieht man sie tanzen.

Bewirkt damit flott das Gedeihen der Pflanzen.

Sie ist, wie gesagt, optisch ein schickes Tier.

Es stammt allerdings auch nicht wirklich von hier.

Aus Südwesteuropa wanderte sie ein.

Der Klimawandel soll schuld daran sein.

Darüber zu reden, muss jetzt aber warten.

Ich schau mal zur Holzbiene, draußen im Garten.

Gartenklänge

Die ersten Blüten zeigen sich,

heben ihr Haupt in Richtung Sonne.

Der Frühling kommt ganz sicherlich.

Das Eis schmilzt in der Regentonne.

Auch in der dunklen Schattenecke

sind die Schneereste weggetaut.

„Verschneide mich", ruft schon die Hecke.

Der Schneeschieber ist längst verstaut.

„Du brauchst mich bald", der Spaten sagt.

Zum Umgraben will er wohl schreiten.

Und auch das erste Beet schon fragt:

„Willst Du mich nicht bald vorbereiten?"

„Wann kommst Du zum Vertikutieren?

Kalk brauche ich und Dünger auch."

Will mich der Rasen provozieren?

Da wächst nur Wut in meinem Bauch.

Das Unkraut fängt auch an zu sprießen.

Der Komposter ruft: „Leere mich!"

Bald muss man dann auch wieder gießen.

Das klingt nach Arbeit. Fürchterlich.

Doch halt! Wer seinen Garten mag,

muss all dies positiv beschauen.

Es ist doch toll seit Jahr und Tag,

auf Beeten etwas anzubauen.

Tomaten, Paprika, Salat

und eine schöne grüne Wiese.

Das ist es, was ich in der Tat

aufs Neue jedes Jahr genieße.

Sommerabend

Im Sommer sitzt man abends gern

mal draußen an der frischen Luft.

Man schaut hinauf auf Mond und Stern,

genießt den abendlichen Duft.

Sieht Flugzeuge am Himmel ziehen

und träumt sogleich vom fernen Strand,

bis sie den Blicken schnell entfliehen

und wieder Stille überm Land.

Gelächter, Stimmen und Musik

dazu der Duft von Bratwurst, Steak;

man hört, man riecht, jedoch kein Blick.

Bäume und Hecken sind im Weg.

Die Dämmerung ist jetzt am Zug

verdrängte längst der Sonne Licht.

Man sieht der Fledermäuse Flug.

Die Sterne sind nun gut in Sicht.

Ruhe zieht ein und Dunkelheit.

Über den Gärten liegt die Nacht.

Zum Schlafen wird es langsam Zeit.

Das Tagewerk ist wohl vollbracht.

Die Luft ist abgekühlt und klar.

Das Leben schlafend kommt zur Ruh'.

Der Tag verging mit dem was war

und heute kommt nichts mehr hinzu.

Pool

Heute ist es drückend heiß.

Ich stöhne in der Sonne Glut.

Aus jeder Pore rinnt der Schweiß.

Das ist nicht wirklich richtig gut.

Die Kleidung klebt am Körper fest.

Ich reiße sie mir schnell vom Leib.

Für mich steht jetzt ganz felsenfest,

wie ich die Hitze gleich vertreib.

Der Ort der Freude ist zu Haus,

gleich vor der Tür in meinem Garten.

Ich muss nur ein paar Schritte raus,

wo Pool und Kühlschrank auf mich warten.

Bei Hitze ist es wunderbar,

in diesem Nass sich abzukühlen.

Ich nutze dies gern Jahr für Jahr,

um mich dabei echt wohl zu fühlen.

Ich muss nur kurz zum Kühlschrank gehen,

zu Mineralwasser und Bier.

Ich glaube, jeder wird verstehen,

ich bin einfach sehr gerne hier.

Sommerausklang

Ist der September angebrochen,

wird es am Strand so langsam leer.

Nach Sonnenöl hat es gerochen.

So riecht es jetzt schon gar nicht mehr.

Manch Strandkorb ist bereits verwaist,

von Sonnenhungrigen verlassen.

Viele inzwischen abgereist.

Vor Wochen waren hier noch Massen.

Im Kiosk gleich hinter der Düne

bekommt man jetzt sofort sein Bier.

Verlassen ist die Freilichtbühne.

Kaum einen Menschen sieht man hier.

Die Windburgen sind auch verschwunden.

Der Kinderlärm ist nicht mehr da.

Der Eisdiele fehlen die Kunden.

Am Strand macht man nun FKK.

Der Rettungsschwimmer lächelt müde.

Er wird noch diese Woche bleiben.

Der Sanddorn steht ganz ohne Blüte.

Und Wind lässt dunkle Wolken treiben.

Das Ortsmuseum ist geschlossen.

Die Räucherei nun halbtags zu.

Nur Möwen schreien unverdrossen.

Die geben einfach niemals Ruh.

Blätter im Herbst 2

Wenn das Laub zu Boden fällt,

gibt es nichts, was es noch hält.

Es sagt leise „Tschüss" zum Baum.

Vorbei ist der Sommertraum

Eben schien es noch ganz klasse,

als jeder Zweig in großer Masse

Blätter trug – so grün, so satt.

Nun verschwindet Blatt für Blatt.

Der Herbst schon da. Der Winter kommt.

Ja, so ein Baum verliert dann prompt

das bunt gefärbte Blätterkleid,

steht nackt da, sorgt für Heiterkeit.

Dichter schrieben der Strophen viel

zum Blätterfall von Zweig und Stiel.

Doch über der Misere Grund,

kam nicht ein Wort aus ihrem Mund.

Jedoch glasklar die Anamnese:

Das Ende der Fotosynthese

führt zum totalen Blattverlust.

Schaut draußen nach. Habt ihr's gewusst?

Blätter im Herbst 3

Soll ich mal sagen, was mich quält?

Es ist auch wirklich schnell erzählt.

Es geht um meinen Lindenbaum.

Was der sich traut, ihr glaubt es kaum.

Er stellt sich frühjahrs prima dar.

Alles ist grün und wunderbar.

Zieht CO_2 uns aus der Luft,

verbreitet Sauerstoff und Duft.

Von diesem Dufte angetan

lockt dieser Baum viel Bienen an.

Der Honig aus der Lindenblüte

hat eine recht besondere Güte.

Ich mach mir nicht sehr viel aus Tee.

Jedoch, bei vielen Menschen seh

ich dies Getränk in ihrer Tasse.

Auch Lindenblütentee ist klasse.

Die Linde dient als Brutquartier.

Als Schattenspender dient er mir.

Im großen Ganzen ist das gut.

Doch kommt der Herbst, bekomm ich Wut.

Plötzlich ist er nicht mehr so fein.

Er wirft mit Blättern. Echt gemein.

Ich muss sie dann zusammenkehren.

Man kann sich nirgendwo beschweren.

Liegen die Blätter auf dem Rasen,

muss der Laubbläser sie wegblasen.

Ein Windstoß bläst sie dann zurück.

So wird man irre, Stück für Stück.

Auch auf den Wegen rund ums Haus

liegt nasses Laub. Man rutscht leicht aus.

Wenn jeder Zweig dann blätterfrei,

ist's mit dem Schatten auch vorbei.

Im Sommer war der Lindenbaum

ein guter Freund. Man glaubt es kaum,

dass der Herbst diese Freundschaft trübt.

Die Linde macht sich unbeliebt.

Na gut, ich werde gnädig sein,

wie immer meinem Baum verzeihen.

Denn bald im Frühjahr gehen zart

ganz neue Blätter an den Start.

Über sich selbst zu schreiben, ist

nicht so einfach. Man schreibt aber

doch hin und wieder etwas über die

MENSCHEN und das, was die so

ab und an tun.

Quiz mal mit

Du hast viel allgemeines Wissen?

Weißt bei solch Fragen meist Bescheid?

Dann sollte es dir nicht schwerfallen.

Mach dich mal für ein Quiz bereit.

Da könntest du dich selbst beweisen.

Ganz sicher, es dir auch gefällt,

wenn du am Ende richtig liegst,

sich ein Gewinn zu dir gesellt.

Du kennst so viele große Namen,

wie Einstein, Bell, Napoleon,

weißt, wer etwas erfunden hat,

Buchdruck, Rakete, Grammophon.

Auch all die großen Literaten

sind Dir samt Werken wohlbekannt.

Ob Tolstoi, Böll, Dumas und Goethe,

das geht Dir locker von der Hand.

Bei ganz speziellen Fachgebieten

kennst Du dich immer wieder aus.

Du wüsstest glatt, wie Mondstaub riecht

und fändest Einsteins Elternhaus.

Selbst Anagramme kannst Du lösen.

Sudokus sind nur Spielerei.

Philosophie? Geht gerade so.

Gab es erst Huhn oder erst Ei?

Dann kommen diese leichten Fragen.

Wer wird der nächste Marvel-Held?

Womit verdient die Hilton-Clique

und Kim Kardashian ihr Geld?

Nenne mir jetzt die Hosenfarbe

von Donald Duck und Micky Mouse.

Wer siegte letztens bei „Lets dance“?

Und wer flog aus dem „Dschungel“ raus?

Da stehst Du plötzlich nackig da.

So wissend bist Du eben nicht.

Ja, dieser Weg, der ist nicht leicht,

zum Champion und Quizschwergewicht.

Hast Du jetzt Angst, bleib schön zu Hause.

Sieh bei Pilawa zu und Jauch.

Lies Comics und schau „Explosiv",

dann kannst Du dies vielleicht bald auch.

Du weißt bald, wer die Geißens sind,

kennst Spider-Woman und Verwandte.

Vergessen dann Pythagoras,

Pi und die Faraday-Konstante.

Vielleicht hast Du ja auch viel Glück

Und alles passt da ober rein.

Kann sein, es reicht dann trotzdem nicht.

Wichtig ist doch, dabei zu sein.

Ich wünsch Euch Spaß bei solchem Quiz.

Setzt euer Wissen richtig ein.

Ein paar Teilnehmer werden Sieger,

wir alle aber klüger sein.

Elektrotechniker nehmen gern einen . . . ?

A   Schnellanwalt   B   Sofortnotar   C   Flinkjustiziar   D   Gleichrichter

Ein rumänischer Schuldner hat eventuell . . . ?

A   Vier Waldstätter   B   Fünf Seen   C   Sechs Helden   D   Sieben Bürgen

Was strahlt der von ABBA besungene „Super Trooper" aus?

A   Licht   B   Töne   C   Luft   D   Rauch

Will man etwas sichern, nimmt man eventuell ein Erzeugnis von . . . ?

A   Festung Posten   B   Kastell Guard   C   Schloss Wärter   D   Burg Wächter

Was reicht man sich nicht am Esstisch zu?

A H_2O B $NaCl$ C C_2H_5OH D H_2SO_4

Was erscheint nach dem Ruf „Fiat Lux"?

A   ein italienisches Auto   B   Seife   C   eine Raubkatze   D   Licht

Was steht ständig im Verkaufsraum?

A   Warenstützer   B   Ladenhüter   C   Geschäftsbewacher   D   Markthalter

Zweifelpunkt

Du hast viel zu lange gewartet.

Schon wieder zu lange gebraucht.

Die Anderen sind längst gestartet.

Bei Dir Energie nur verraucht.

Du kannst wieder mal nicht erklären,

warum das bei Dir nur so ist.

Kannst Dich bei Dir selbst nur beschweren,

dass Du wieder mal Letzter bist.

Du meinst, es ist dir angeboren,

niemals mit ganz vorne zu sein.

Glaubst, Du hast am Start schon verloren,

für immer verlassen, allein.

Wach auf aus den dunklen Gedanken.

Schau einmal auf Dich ganz neutral.

Bau Dir keine Zäune und Schranken.

Und sage: Dies war alles mal.

Du kannst alle Zweifel vergraben,

als Schatten vergangener Zeit.

Es gilt, diesen Schritt nun zu wagen.

Geh einfach los. Es ist so weit.

Anlauf, Sprung, Sieg

Dein Blick peilt starr die Anlaufbahn in

Hochkonzentration.

Der letzte Sprung benötigt Kraft und volle Kondition.

Heut willst Du allen zeigen,

dass in Dir ein Sieger steckt.

Einmal nach den Sternen, Richtung Gold,

wird sich gestreckt.

Du bist eine von denen, die steh'n immer wieder auf.

Schüttelst kurz den Sand ab,

schon beginnt ein neuer Lauf.

Dein Haar wiegt dann der Wind,

als wäre um Dich ein Orkan

und Deine Füße tragen Dich auf jeder Tartan-Bahn.

Dein Speed erreicht den Punkt,

an dem Du scheinbar explodierst

und niemals sicher bist, ob Du den

Absprungbalken spürst.
Die Muskeln in Dir sind gespannt
für diesen Augenblick.
So viele Wochen Training für die
Chance aufs Siegerglück.

Arme und Beine weit nach vorn,
der Schwerkraft widerstehen.
Passt alles jetzt zusammen, kann es
heute sehr weit gehen.
Noch bist Du fest gefangen,
bist mental voll fokussiert.
Die Stimmungsatmoshäre hast Du aber registriert.

Die Landung wirbelt Sand auf.
Der fliegt spritzend weit umher.
Die Zahl der Sieben-Meter-Marke
siehst Du da nicht mehr.
Die Menschen auf den Rängen schreien.
Jubel bricht sich Bahn.

Nun kommt es auf die Messung und die
Wettkampfrichter an.

Der Sand wird abgeschüttelt.
Einen neuen Sprung gibt's nicht.
Der Typ vom Kampfgericht schaut Dir
grad lächelnd ins Gesicht.
Du schaust auf seine Hände.
Welche Farbe wird er heben?
Wird es Enttäuschung oder wird e
s Riesenjubel geben?

Es ist Dir gelungen. Das grüne Fähnchen
geht nach oben.
Keinen hält es auf den Sitzen. Alle Menschen toben.
Des Stadionsprechers Stimme überschlägt
sich jetzt beim Sprechen,
als er verkündet, Du konntest den
Weltrekord grad brechen.

Die Flagge reicht man Dir.

Jetzt bist Du total entspannt.

Weißt, zumindest heute bist Du Heldin für Dein Land.

So viel Arbeit. So viel Mühe.

Jahrelang niemals geschont.

Heute hast Du Dich dafür mit

Sieg und Weltrekord belohnt.

Überwindung

Blendet die Sonne auch direkt Dein Gesicht.

Peitscht vielleicht Regen auf Deine Stirn.

Versprüht die Brandung auf Dich Schaum und Gischt.

Schütz Deine Augen und nutze Dein Hirn.

Versperren die Feuer Dir stets Deinen Weg.

Musst Du jeden Tag über Stein und Berg.

Fühlst Du Dich so manches Mal schwach und träg.

Du kannst Dich aufraffen. Vollbringe das Werk.

Willst Du jetzt den Stürmen widerstehen?

Bleibst Du Dir treu, ist es auch eine Qual?

Wirst Du von nun an nur noch aufrecht gehen?

Du kannst entscheiden. Du hast die Wahl.

Du brauchst keine Ausreden mehr zu suchen.

Mach Dich niemals selber schwach und klein.

Du kannst so viele Hürden überwinden,

kannst stark wie in alten Zeiten sein.

Irgendwo zwischen manchmal und oft beschäftigen wir uns mit ihr. Sie betrifft uns ja auch nahezu täglich. In den letzten Jahren ist sie so ein richtig heißes Eisen geworden. Ja, ich rede von der POLITIK.

Weiter, wie immer (2023)

Und wieder tobt er, der sinnlose Krieg.

Die Gleichen erringen wie immer den Sieg.

Es bleiben zurück die Armen, Rechtlosen,

seit Dutzenden Jahren schon verstoßen.

Niemals gefragt, heimatlos geworden,

meinten sie, es wäre gut, sinnlos zu morden.

Wahllos zu töten, scheint einfach zu sein.

Was daraus folgt, kalkuliert man das ein?

Viel mehr werden danach zugrunde gehen,

Verhältnis wie immer rund eins zu zehn.

Und wieder der Weg zur Versöhnung verbaut.

Die Hand mal zu reichen, sich keiner mehr traut.

Die wirklich hier könnten für Frieden sorgen,

mahnen, beten und verschieben auf morgen.

Die Menschen rufen nach Ordnung und Recht.

Doch wenn keiner zuhört, geht das nur sehr schlecht.

Es „müsste", es „sollte" hört man sie sagen.

Alles wie immer an solchen Tagen.

Keiner gibt nach. Niemand reicht sich die Hand.

Es geht weiter wie immer in diesem Land.

Tausend Kilo

Oft hänge ich im Flugzeug rum.

Von außen mich so keiner sieht.

Man braucht Geduld in meinem Job

und tausend Kilo Dynamit.

Ich sehe schlank und harmlos aus,

mit grünem Lack ganz chic besprüht.

So falle ich auch keinem auf,

trotz tausend Kilo Dynamit.

Mit meinem Killerpotenzial

gehöre ich ins erste Glied.

Da bleibt nichts, wie es vorher war,

Dank tausend Kilo Dynamit.

Bald komme ich zu meinem Ziel.

Es hilft nicht, wenn man vor mir flieht.

Die Rettungschance schrumpft enorm

bei tausend Kilo Dynamit.

Angst und Gewissen hab ich nicht.

Verbalprotest bei mir nicht zieht.

Nur Frieden wär für mich das AUS

und all das ganze Dynamit.

Mut zur Wahrheit

Keiner will mehr wissen, wie das damals wirklich war.

Wer hat Schuld? Steht all das fest?

Ist das alles klar?

Heute ist die Wahrheit so unpassend unbequem

und die Sieger wollen sie nicht hören und nicht sehen.

Man hatte beschlossen: Dieses Land hier

könnt ihr haben.

Denen es gehört, werden wir erst gar nicht fragen.

Die stimmten dagegen, doch sie waren nicht genug.

Der Beschluss der Mehrheit, so gesehen ein Betrug.

Beide sollten wohnen in dem schönen neuen Staat.

Doch wie soll das gehen, wenn nur einer Rechte hat?

So bauten die Neusiedler für sich ein feines Haus.

Die hier vorher wohnten, warfen sie gewaltsam raus.

Mit dem Geld von reichen Freunden

richtet man sich ein.

Will jemand das Land zurück, schlägt man ihn

kurz und klein.

Die Besatzer, anerkannt, hofiert in aller Welt.

Für das Volk der Vorbesitzer bleibt

das Flüchtlingszelt.

Deren Brüder hat man längst

gekauft und korrumpiert,

sodass niemand mehr wie einst

den Gegenschlag probiert.

Noch vereinzelt setzt man sich mit

Anschlägen zur Wehr.

Hilfeschreie, die verhallen. Keiner hört sie mehr.

Es kommt zu Verzweiflungstaten,

die man Terror nennt,

weil die wahren Ursachen ja niemand mehr erkennt.

Jene, die die Wahrheit kennen,

sollten nicht mehr schweigen.

Dann wird sich auch dort vielleicht

einmal der Frieden zeigen.

Diesen Frieden gibt es nur, wenn jeder jeden achtet

und das Land der anderen niemals

als seins betrachtet.

Jeden, der ein Unrecht unterstützt,

trifft auch die Schuld.

Und schon bald verliert

der nächste rächend die Geduld.

Haben Sie auch den einen oder

anderen Lieblingsort? Klar, natürlich

ist es der, in welchem man zu Hause

ist. In so manchem Urlaubsort findet

man es aber auch richtig toll bzw.

interessant. Es gibt sie also, die

Lieblingsorte.

Carnac

Wer hat sich nur einst so viel Mühe gegeben?

Wer war es, der dieses Projekt hat geplant?

Ein Rätsel für alle, die heute hier leben.

Hat irgendwer dies schon damals geahnt?

Hatten die Menschen einst dafür die Zeit,

solch großes Mysterium zu errichten?

War man technisch überhaupt schon so weit?

Ich habe da Zweifel an diesen Geschichten.

Tausende Steine ließ man aufstellen,

klein, ziemlich wuchtig bis riesig und schwer.

Man brauchte Meister und viele Gesellen.

Wo kamen die damals wohl alle her?

Zigtausend Steine, auch in langen Reihen.

Heut werden sie von uns Menhire genannt.

Jahrtausendelang stehen sie hier im Freien.

Die Stadt Carnac ist dafür weltbekannt.

Schlossbrauerei

In Mirow gibt es einen Ort,

da will man nicht so gerne fort.

„Schlossbrauerei" wird er genannt

und ist ein Kleinod in diesem Land.

Die Speisen, welche man erhält,

kosten natürlich etwas Geld.

Bereitet sind sie wunderbar.

Der Küchenchef vom Fach ein Star.

Serviert wird freundlich, mit Humor.

Man kommt sich niemals fremd hier vor.

Die „Samstag-Magic-Party-Show"

ist Highlight mit Spaß und Niveau.

Das Fazit heißt daher zum Schluss:

Besucht mal Mirow. Ein Genuss.

Zu sehen gibt es allerlei.

Da muss man hin. Kommt, seid dabei.

Ein Morgen am See

Am Ufer leuchten die Fischerhäuser

von glutroter Sonne des Morgens erhellt.

Die noch nassen Dächer erstrahlen lichtglänzend

und Fenster schauen spiegelblank in die Welt.

Regen und Sturm der Nacht sind vergessen.

Jetzt zeigt sich der Himmel in kräftigem Blau.

Die Enten und Schwäne zieh'n auf Morgenrunde

und stellen sich dem Frühaufsteher zur Schau.

Die Kirchturmuhr schlägt zur siebten Stunde.

Ihr Klang hallt weit fort über See, Wald und Feld.

Der Fischersmann tuckert mit Boot Richtung Hafen.

Dann herrscht wieder Ruhe in der kleinen Welt.

Beim Bäcker duftet es nach frischem Brot.

Hotelgäste streben zum Frühstücksbuffet.

Die Sonne erwärmt schon den Strand und die Wiese.

Der Tag ist erwacht mit dem Morgen am See.

Gedanken über eine Insel

Es gibt noch diese stillen Winkel
aus einer scheinbar fernen Zeit,
die Ruhe dir noch geben können,
Entspannung und Gelassenheit.

Dort hört man noch des Meeres Rauschen,
Bienengesumm und Möwenschrei.
Ein Kutter tuckert Richtung Hafen.
Hat sicher frischen Aal dabei.

Auch tief im Wald man Stille findet,
Beeren und Pilze aller Art.
Im Dorfkrug zapft man Heimatbier.
Gemüse frisch und Wild ganz zart.

Noch gibt es sie, diese Idylle.
Doch immer kleiner wird die Welt.
Schon hat das Streben nach Kommerz
hier vieles auf den Kopf gestellt.

Für alle, die hier Urlaub machen

müssen jetzt Attraktionen her.

Strandkorb, Pension und Räucherfisch

sind längst Old School. Das reicht nicht mehr.

Wellnessoasen sind entstanden

aus viel Beton plus Stahl und Glas.

Wer braucht schon Wald hinter der Düne?

Im Urlaubsbunker wohnt der Spaß.

Seebrücken werden aufgepäppelt,

erhalten einen schicken Style.

Tauchglocke, Bar, Edelboutiquen;

das findet jeder Touri geil.

Auch abseits dieser Ostseestrände

wird aufgerüstet ohne gleichen.

Die Insel soll ein Jahrmarkt werden.

Muss dafür auch die Wiese weichen.

So wachsen neben den Alleen

jetzt Buden, Zelte, sogar Hallen,

die vollgestopft mit bunter Action

nach unsern Euroscheinen krallen.

Die Kinder lieben diese Späße.

Eltern und Großeltern sind froh.

Endlich hat mal das Smartphone Pause.

Dafür lohnt sich der Preis der Show.

Natürlich ist auch viel gelungen,

macht Freude und ist sehenswert.

Doch irgendwann muss es mal reichen.

Ein „Weiter so." wär ganz verkehrt.

Lasst bitte diese Insel leben.

Schützt den Charakter, die Natur.

Erhaltet Strand, Wald, Räucherbuden.

Wir lieben Usedom, gern pur.

Museum   (Bitterfeld)

Wenn ich durch ein Museum gehe

und vor den Exponaten stehe,

tauche ich ab in eine Zeit

die oft entfernt ist – ewig weit.

Ich fühl mich wie im Tertiär

mit Riesenbäumen um mich her.

Die Kohle, die daraus entstand,

wurde mir als Brikett bekannt.

Die Eiszeiten im Pleistozän

habe ich auch direkt gesehen.

Das Eis schob mit sehr viele Steine.

Die ich im Garten hab, sind meine.

Neulich im Mesozoikum

waren Saurier um mich herum.

Sie starben aus, doch nicht für immer.

Schaut einfach mal ins Kinderzimmer.

Auch in der jüngeren Geschichte

gibt's Material für manch Gedichte.

Mein Interesse ist geweckt

an dem, was ich noch nicht entdeckt.

Jetzt sag ich mal, was mir hier fehlt:

Dies wäre diese Bernstein-Welt.

Vom Tagebau ein Großmodell,

das wäre auch sensationell.

Besucherströme busseweise

kämen zu uns auf Tagesreise

und das Museum Bitterfeld

wär eins der tollsten auf der Welt.

PARIS

Es ist nicht einfach nur ein Ort.

Paris ist auch nicht nur ein Wort.

Der Klang allein die Sehnsucht weckt.

Ich habe die Stadt für mich entdeckt.

Am Place de la Concorde zu stehen,

von hier ab auf die Tour zu gehen,

ist für Touristen wunderbar.

Die Sichtachse macht den Weg klar.

Zur Mona Lisa ist's nicht weit,
nimmt man sich für den Louvre Zeit.
In Richtung Tuilerien-Garten
könnte so der Spaziergang starten.

Willst du im Louvre viel ansehen,
wird unheimlich die Zeit vergehen.
Wo Könige zu Hause waren,
sich Kunstwerke nun offenbaren.

Zum Einkaufen gleich an der Seine,
geh einfach zur Samaritaine.
Die Auswahl dort ist riesengroß.
Dein Geld wirst du hier locker los.

Die Kathedrale Notre Dame

gehört auch zum Besuchsprogramm.

Ausruhen? Essen? Irgendwo?

Man findet immer ein Bistro.

Das Wandern kann man sich auch sparen.

Die Lösung lautet: Metro fahren.

Zu sehen gibt es noch genug.

Drum ab in den grün-weißen Zug.

In Richtung Champs d'Ellyssee

ich auch schon mal recht gerne geh.

So manch Boutique lässt einen raunen.

Über die Preise kann man staunen.

Wie in ein Straßenspinnennetz

ist der Arc de Triomphe gesetzt.

Sein Gegenstück aus neuen Zeiten

sieht man von hier, wenn auch vom Weitem.

Der Stadtteil dort heißt La Defense,

die Wolkenkratzerresidenz.

Die Metro bringt uns von hier fort

zu einem tollen Aussichtsort.

Fantastisch schön der Blick zur Stadt,

den man vom Trocadéro hat.

Der Eiffelturm in voller Pracht

grüßt still am Tag und blinkt bei Nacht.

Der höchste Stahlmast hier auf Erden

will auch sehr gern bezwungen werden.

Paris von oben, auch mal chic.

Es ist ein imposanter Blick.

Am Seine-Ufer lockt ein Schiff.

Die Lichterfahrt hat uns im Griff.

Auch eine Bustour soll man buchen

und unbedingt Versailles besuchen.

Es gibt noch viel, das ich gern seh.

Die Concorde steht in Le Bourget.

Montmartre protzt mit Sacre Coer.

Die Gegend dort macht echt was her.

Auch toll, die Opera Garnier,

das Stadtviertel namens Marais,

die Katakomben (gruselig)

und Disneyland aus Kinderblick.

Auf Urlaubsfotos ist zu sehen.

Paris lässt man sich nicht entgehen.

Für manche ist die Stadt ein Muss,

mit Flugzeug, Bahn oder auch Bus.

Freest

Die Oder beendet auch hier ihren Lauf.

Ihr Wasser nahm längst der Peenestrom auf.

Die Ostsee begrüßt ihn mit Salz und mit Sand.

Ein letztes Mal spült es leicht über den Strand.

Der ist hier so seicht, dass man tatsächlich sieht,

wenn eine der Tiden dran schiebt oder zieht.

Im Sommer kann man mit den Kindern gut baden.

Wer schwimmen will, muss schon ziemlich weit waten.

Gleich hinter der Düne ein Dorf voller Stolz,

mit Menschen, geschnitzt aus besonderem Holz.

Sie haben seit jeher die Seefahrt im Blut,

beherrschen das Handwerk des Fischens sehr gut.

Sorgt sich auch so manche Frau oder Mutter,

der Fischer zieht raus auf das Meer mit dem Kutter.

Er weiß genau und kann im Voraus meist sehen,

wo Hering, Dorsch, Scholle und Aal für ihn stehen.

Der Fang ist ein Segen, bringt Butter und Brot.

Im Hafen vertäut dann der Seemann das Boot.

Hier warten schon Händler, Wirt und Räucherei.

Doch nach dem Verkauf ist das Werk nicht vorbei.

Auch Alte und Junge müssen nun ran.

Die Netze geflickt und säubern den Kahn.

Viel Ruhe gibt es, wenn es stürmt oder schneit.

Dann ist auch für andere Dinge mal Zeit.

Ein Fischer aus Freest beherrscht mehr als die See.

Hier hatte man einst die kluge Idee,

die Teppichknüpfkunst zu perfektionieren.

Davon konnte man lang und gut profitieren.

Inzwischen geht Freest mit der Zeit, ist modern.

Um Urlaub zu machen, kommt man hierher gern.

Waterkant, Campingplatz, Fischerfest, Strand,

Der Ort gehört zu den schönsten im Land.

Ohne sie wäre vieles ärmer. Ab und zu ist sie auch anstrengend. Eins steht aber fest: Die LIEBE gehört auf jeden Fall dazu.

Eng

Wir waren mal so eng zusammen.

Da passte nichts dazwischen.

Wären wir zwei ein Rommé Blatt,

uns könnte keiner mischen.

Wir haben uns so sehr geliebt,

viel stärker als ein Flirt.

Ein jeder von uns beiden

hat dem anderen gehört.

Wir haben uns so oft geschworen,

uns zwei hält keiner auf.

Doch Stürme wehten ins Gesicht

und änderten den Lauf.

Die Orientierung ging verloren.

Das Ziel entglitt der Sicht.

Die Wege trafen sich nicht mehr.

Die Flamme aus. Kein Licht.

Was einst gewesen ist vorbei.

Die Zeit kennt kein Entrinnen.

Doch irgendetwas ist da noch,

ein kleines, feines Glimmen.

Das Feuer noch nicht ganz erloschen.

Denn die Erinnerung, sie glüht.

Präsent stets ein Gedanke,

der mich wieder zu dir zieht.

Düne Sieben

Es war eine von diesen Nächten,

an die man denkt sehr gern zurück.

Sommer, Meer, Strand und Party,

er schien nur kurz, der Weg zum Glück.

Die Bühne war schnell aufgebaut,

die Tanzfläche vom Staub befreit.

Es spielten Band und Discothek

am Ostseestrand zur Ferienzeit.

Es gab preiswertes Hafenbräu.

Gläser waren wie immer knapp.

Ein Dutzend Mädchen tanzte schon.

Die Jungs hingen am Bierstand ab.

Auch er war wieder mit dabei.

Mit Kumpels traf er sich oft hier.

Nach Urlaubsmädels schauten sie,

tranken dabei so manches Bier.

Den Sound des DJs mochte er.
Italo-Disco schien gefragt.
Das Mädchen saß allein am Tisch.
Er sprach sie an, hat es gewagt.

Man sah, sie war echt überrascht
und doch, ein Leuchten im Gesicht.
Sie tanzten zu „I like Chopin".
Ihr Haar glänzte im Disco-Licht.

Sie waren wie die „Happy Children".
Er nahm sie zärtlich in den Arm.
Als ihre Wangen sich berührten,
wurde ihm mehr als einfach warm.

Für dieses wunderbare Mädchen
ließ er heut seine Freunde stehen.
Kein Blick zu tief in große Gläser.
Er wollte nur noch sie ansehen.

In seinem Arm fühlt sie sich sicher.

So könnte es für immer sein.

Sie wiegten sich beim letzten Lied,

langsam und eng im Mondenschein.

Er fühlte sich auf Düne Sieben,

war trunken fast vor seinem Glück.

Sich küssend ging es nun den Weg

zum Dünenferienhaus zurück.

Dort wohnte sie mit ihren Eltern

fast jedes Jahr, sagt sie beim Gehen.

Sie käme heute wohl zu spät.

Dies würden diese nicht verstehen.

Noch einmal wollte er sie fühlen.

Einander nah wollen sie sein.

Ihr Vater stand auf der Terrasse,

rief seine Tochter gleich herein.

Die Nacht fand er nicht wirklich Ruhe.

Er dachte immerzu an sie.

Er konnte sich kaum selbst erkennen.

Dieses Gefühl gab es noch nie.

Am nächsten Tag ging er entschlossen

in Richtung Düne ohne Pause.

Das Ferienhaus war leer, verwaist.

Sie war schon auf dem Weg nach Hause.

Es war ein Stich, ganz tief hinein.

Er hatte vorher nie geweint.

Die Hoffnung bleibt der nächste Sommer.

Sie kommt zurück, man ist vereint.

Sicher

Wo ich bin, da bist auch Du,

stets in meiner Nähe.

Passt auf mich auf,

falls ich mal in die falsche Richtung gehe.

Du weißt, was mir gerade schadet

und was besser für mich wär.

Siehst, was leicht zu schaffen ist

oder für uns zwei zu schwer.

Du räumst dunkle Wolken weg,

gibst mir wieder frischen Wind.

Ich seh immer, es ist gut,

dass wir so zusammen sind.

Du wirst all das tun,

was ich im Leben manchmal brauch.

Kannst Dir sicher sein,

für ich mach ich das alles auch.

Täglich sind wir mit ihr konfrontiert.

Wir sind in die

GESELLSCHAFT eingebettet.

Da ist ein kritisch-ironischer Blick

durchaus einmal angebracht.

Unterwegs

Nur fünf Minuten sind es bis zu meiner Haltestelle.

Der Wochenendausflug startet

mit dem Stadtverkehr.

Der Bus und ich waren wie immer

ganz pünktlich zur Stelle.

Ich steige ein und gleich fällt mir

das Atmen etwas schwer.

Ich loche meinen Fahrschnipsel, riech Diesel,

Öl und Schweiß.

Es ruckelt, rumpelt, doch wir kommen

schnell und sicher an.

Ich ahne, es wird niemals besser, bei dem Minipreis.

Dann geht es weiter.

Nunmehr fahr ich mit der Eisenbahn.

Ich steige ein in einen dieser grünen D-Zug Wagen

und finde einen Platz im weinrot Kunstleder Design.

Der Schaffner locht mein Pappticket

ohne etwas zu fragen.

Am nächsten Tag bin ich mittags zu Hause.

Das war fein.

Ganz anders letzte Woche;

ich will einen Freund besuchen.

Den Stadtverkehr gibt es schon lange nicht mehr

hier im Ort.

Mit Mühe konnte ich zum Bahnhof

mir ein Taxi buchen.

Dann war Schienenersatzverkehr.

So kam ich erstmal fort.

Besser, man kennt sich aus. Fahrkarten gibt es

jetzt aufs Smartphone.

Der Zugbegleiter scannt dies.

Eine Technik, voll genial.

Klima defekt, die Sitze eng, das stört dann

irgendwie schon.

Verspätung, Tickets für viel Geld;

es läuft nicht optimal.

Am nächsten Tag bin ich zurück und

zwar zum Abendessen.

Ich fand keinen Mitropa-Wagen in dem ganzen Zug.

Wenn das immer so ist,

kann man das Bahnfahren vergessen.

Im Augenblick habe ich jedenfalls erst mal genug.

Entwicklung

Milliarden Jahre sind vergangen

nach dem Beginn von Raum und Zeit,

als die Natur die Erde schuf.

Zum Leben stand sie bald bereit.

Die Sonne wärmte den Planeten.

Das Wasser nicht mehr Dampf und Eis.

Zum blauen Leuchten kam viel Grün.

Die Erde, nah am Schönheitspreis.

Es blieb auch nicht bei all den Pflanzen.

Die Tierwelt wurde Teil der Macht.

Doch manchmal Felsen aus dem All

vernichteten fast all die Pracht.

Doch der Planet ließ sich nicht beugen

und stieg stets wieder neu empor.

Als Krönung aller Schöpfungen

brachte er nun den Mensch hervor.

Als der Entwicklung Höhepunkt

erhielt ein Tier des Denkens Kraft.

Mutter Natur war wohl gespannt,

was diese neue Art draus macht.

Nach hunderten Millionen Jahren

schenkte man uns ein Paradies.

Der Mensch ergriff Besitz davon,

sich darin fürstlich niederließ.

Die Sonne spendet Licht und Leben.

Auf ewig wollen wir es erben.

Genuss und Nutzen jederzeit

und kein Gedanke ans Verderben.

Die Menschheit breitete sich aus.

Nur wenig Land noch unberührt.

Es hat in letzter Konsequenz

uns sogar auf den Mond geführt.

Unglaubliches wurde erfunden.

All das, was man geschaffen hat

in Ausstellungen ist zu bewundern.

Modernität in Land und Stadt.

Doch es gibt auch die Schattenseiten.

Auch sie sind überall zu sehen.

Die Warnung steht an jeder Wand.

Zu wenige sie schon verstehen.

Die Menschen sind vernunftbegabt.

Dies kann man sicher nicht bestreiten.

Ob wir diese Vernunft auch nutzen,

scheint zweifelhaft in diesen Zeiten.

Hasengespräch

Am Samstag traf ich den Osterhasen

im Supermarkt vor dem Eierregal.

Ich stellte ihm gleich eine klare Frage.

„Was machst du denn hier? Sag es mir bitte mal."

Darauf sprach er: „Du weißt doch genau,

wie das morgen am Ostersonntag wird.

Wenn ich nicht überall Eier verstecke,

sind all diese Menschen und Kinder verwirrt."

Ein Blick in seinen gefüllten Wagen

ließ mich dann erschaudern. Ich sah das Problem.

Zig Packungen mit gefärbten Eiern

sah ich tatsächlich im Korb drinnen steh'n.

„Du färbst nicht mehr selbst",

war sofort meine Frage.

Er sagte nur: „Ja", und schien sehr betrübt.

„Es gibt bei uns kaum noch Kollegen vom Fach.

Der Osterjob ist einfach nicht mehr beliebt."

Dann redet er von den faulen Hasen.
Sie legen schon lange kein Osterei mehr.
Man meidet Verstecken und auch das Bemalen.
Was früher noch gut war, ist heute zu schwer.

Ich konnte ihn mit seinem Klagen verstehen.
„Bei uns ist das ähnlich", sprach ich ehrlich aus.
„Hier wollen auch viele die Karre nicht schieben
und spielen am Handy, am liebsten zu Haus."

Zum Abschluss hatte er diese Idee:
„Die Eier gibt's nur noch für fleißige Leute.
Das ist so wie eine strenge Erziehung.
Ich brauch die Adressen. Am besten noch heute."

Ja, ich hab es getan, alles an ihn gemeldet.
Jetzt hat er ganz sicher viel weniger Sorgen.
So mancher wird Ostern nun eierlos bleiben.
Wer das genau sein wird? Das seht Ihr dann morgen.

Bestandsaufnahme

Natürlich geht es durchschnittlich
den Menschen hierzulande gut.
Schaut man hinter Statistikdaten,
hat man jedoch oft Grund zur Wut.

Finanziell wird der bestraft,
der täglich früh zur Arbeit rennt.
Besser ist dran der Millionär
und jener, der den Tag verpennt.

Ausnahme „Öffentlicher Dienst“,
oder man verbeamtet ist.
Pensionen, Prämien, Topgehalt,
hier Vater Staat dich nicht vergisst.

Es gibt auch jene Arbeitnehmer,
die hier vernünftig Geld verdienen.
Sie tragen fette Steuerlasten,
sind der Regierung Honigbienen.

Der Niedriglohnbereich dagegen,

zahlt wenig ein, verdient nicht viel.

Der Lohn reicht nicht fürs Restaurant

oder ein tolles Urlaubsziel.

Das E-Auto, die Wärmepumpe

und dann noch für die Rente sparen.

Der ganz normale Bürger sagt:

„Das schaff ich nicht in hundert Jahren."

Man hört von Inflationsausgleichen,

Tariflohn, Urlaubs-, Weihnachtsgeld.

Doch ziemlich jeder Zweite weiß,

dass er solch Zahlung nie erhält.

Und dann fängt man mit Träumen an,

von gutem Lohn und hohen Renten.

Das Land könnte viel Gutes tun.

Drum Steuern hoch bei Dividenden.

Schmarotzer sind in unserem Staat

auch Erben von Euro-Millionen.

Getan haben sie dafür nichts.

Viel Steuern drauf würden sich lohnen.

Gut essen gehen? Dienstwagen fahren?

Das Volk subventioniert die Reichen.

Den ganzen Privilegienwust,

gilt es sofort komplett zu streichen.

Was ist mit der Vermögenssteuer?

Her mit der Kohle, bitte sehr!

Für Brücken, Panzer, Kindergärten

gibt jeder der viel hat was her.

Schluss mit Verschwendung, Korruption.

Auch dies hätte sehr viel Gewicht.

Doch sind Staat und Justiz wie Krähen.

Die eine hackt die andere nicht.

Liest man mal intensiv die Zeitung,

schaut Lanz, Report und Monitor,

denkt man: „Bananenrepublik".

Genau so stellt man die sich vor.

Man will am besten nicht viel leisten,

hält aber gern die Taschen auf.

Den Oberen gelingt das gut.

Die unten zahlen immer drauf.

Es wird am Volk vorbei regiert.

Geht etwas schief, sind andere Schuld.

Habt ihr dort oben nichts bemerkt?

Das Volk verliert grad die Geduld.

Schnee (mit Fragezeichen)

Wo bleibt eigentlich dieser ganze Schnee?
Mal ehrlich, wenn ich mich so umseh',
kann ich dieses weiße Zeug kaum noch entdecken.
Es scheint sich, vor meinem Blick zu verstecken.

Ich will jetzt hier wirklich nicht übertreiben
und die Vergangenheit so beschreiben,
als hätte es früher tagtäglich geschneit.
Doch mehr war das schon in jener Zeit.

Geht das nun so weiter,
braucht man auf dem Brocken
im Winter schon bald nicht mal mehr warme Socken.
Und wollen wir einmal bei Frost richtig frieren,
dann müssen wir Schnee und Eis importieren.

Es findet sich Schnee noch in ganz hohen Lagen.
Doch schmilzt mit ihm langsam die Anzahl an Tagen,
an denen man Sessel- und Skilift betreibt.
Es fragen sich alle, was vom Winter wohl bleibt.

Aufs Eis geht nie mehr die sprichwörtliche Kuh.

Warum auch? Es friert ja kein Teich mehr zu.

Ein Schlitten als Weihnachtsgeschenk

keinen Sinn macht.

Denn es fehlt letztendlich die schneeweiße Pracht.

Schon bald erinnern sich nur die ganz Alten

noch an jene Zeiten, den richtigen kalten.

Dem Klima bietet der Schnee nicht die Stirn.

Die Flocke, sie schmilzt. Doch was macht das Hirn?

Wetter Lage

Ein stattliches großes Hochdruckgebiet

seit Wochen über Europa zieht.

Bei einer solchen Wetterlage,

kommt Heißluftzustrom nur infrage.

Der Sommer soll fantastisch werden,

das reine Paradies auf Erden.

Uns alle zieht es an den Strand,

Hauptsache ein Gewässerrand.

Ein Buch, ein Eis und ganz viel Sonne

ist für so viele eine Wonne.

So mancher Mensch hat Sonnenbrand.

Es lacht der Creme-Fabrikant.

Im Biergarten ist Hochbetrieb.

Was haben wir den Sommer lieb.

Kein Regentropfen trübt die Freude

der sonnenstrahlenhungrig Meute.

Nach ein paar Wochen Hitzeglut,

geht es dann nicht mehr allen gut.

Der schöne Spaß, er scheint vorbei

bei Kopfschmerz und Schweißtreiberei.

Pflanzen und Ernte dürren aus.

Die schwüle Wärme steht im Haus.

Das Atmen fällt jetzt vielen schwer,

und Wasser gibt's bald auch nicht mehr.

Alles, was kühlt, wird rationiert.

Viel Flüsse scheinen ausradiert.

Die Menschen aus dem Süden fliehen.

Ein jeder will nach Norden ziehen.

Portugal, Spanien, Griechenland;

ein Flammenmeer, viel Wald verbrannt.

Die Strände voll mit Algenpest.

Man keinen mehr ins Wasser lässt.

Von Hitze nun schon ganz benommen,

fragt man, wie konnte das so kommen?

Wo bleibt der Regen, das Gewitter?

Die Antwort, die ist klar und bitter.

Wenn wir alle so weitermachen,

haben wir bald nichts mehr zu lachen.

Ein harter, schneller Schnitt muss her,

sonst wird es für uns alle schwer.

Wir stellen ein

Fit muss er sein und gut gebaut,

auch einer, der sich mal etwas traut.

Doch zu viel darf es auch nicht sein.

Als Chef bestimme ich allein.

Auch Schlagfertigkeit habe ich gern,

doch nicht zu mir, als seinem Herrn.

Gut wär das Kennen der Maschinen

beim Reparieren und Bedienen.

Da muss es laufen wie geschmiert,

dass alles immer funktioniert.

Erfahrung zahlt sich dann auch aus.

Doch zu viel Lohn, da wird nix draus.

Fremdsprachenkenntnisse sind fein.

Besser als ich darf er nicht sein.

Antreiben können sollte er.

So etwas überzeugt mich sehr.

Sehr viele Hobbies? Das geht nicht.

Da kommt die Arbeit außer Sicht.

Gern mag ich Leute, die nicht klagen

und stets nach Lohnerhöhung fragen.

Berufserfahrung, drei Jahrzehnte,

ganz prima, wie ich schon erwähnte.

Ich brauche einen Mann vom Fach

und keinen Loser, alt und schwach.

Die über fünfzig gleich aussortieren.

Man kann sie später mal ausprobieren.

Ja, der Bewerber sollte wissen,

als Chef hat man seine Prämissen.

Haben Sie Freude am Lachen oder zumindest am Schmunzeln. Es gibt die besonderen und die alltäglichen Dinge. Oft genug brauchen wir dabei schon eine ganze Portion Humor.

Nachtweg

Vier Uhr vierzig, tiefste Nacht.

Wieder einmal aufgewacht.

Schwarze Zahl auf blauem Grund

gibt mir diese Uhrzeit kund.

Der Traum eben, so real.

Wie hieß diese Frau nochmal?

Doch erstmal ins Badezimmer,

wie um diese Zeit fast immer.

Grüble noch ein ganzes Stück.

Doch der Traum kehrt nicht zurück.

Das Gehirn wird nun aktiv,

all die Geister, die ich rief.

Die Idee ist richtig gut.

Alles reimt sich. Das macht Mut.

Die Pointe wirkt gelungen,

ganz plausibel, nicht erzwungen.

Im Bad kann ich nicht mehr bleiben.

Habe hier ja nichts zum Schreiben.

Fühle mich so klug, gescheit.

Aber zum Bett ist es weit.

Als ich endlich angekommen,

Vieles schon wieder verschwommen.

Was soeben schien so klar,

klingt jetzt fad, nicht wunderbar.

Die Uhr zeigt jetzt nicht mehr vier.

Ich greif Stift und Schreibpapier.

Etwas Kluges muss da drauf.

Nach acht wache ich wieder auf.

Etwas mir hart den Rücken drückt.

Es ist ein Schreibstift, echt verrückt.

Mein Schreibblock liegt auf meinem Bauch.

Es steht nicht eine Zeile drauf.

Morgen Grauen

Die Nacht vorbei. Der Tag beginnt.

Im Stall blökt schon das erste Rind,

wartend auf Futter, frisches Heu.

Das gibt es jeden Morgen neu.

Der junge Hahn ist auch schon wach.

Er freut sich: „Gleich mach ich hier Krach.

Dann wecke ich die ganzen Hennen,

die jetzt noch auf der Stange pennen."

Ein Schaf hat schon ein Auge offen,

denkt, müde zwar, doch echt betroffen:

„Heut werde ich bestimmt geschoren.

Ab morgen früh wird dann gefroren."

Die Katze war des Nachts aktiv,

auf Beutezug, als alles schlief.

Sie sucht sich einen Schlafplatz aus

an einem warmen Ort im Haus.

Manch Hund begrüßt das Tageshell

mit einem kräftigen Gebell.

Was anderes fällt ihm nicht ein.

So können echt nur Hunde sein.

Der Affe blinzelt früh im Zoo.

Auch dieser Tag macht ihn nicht froh.

Hier wollen ihn zwar viele sehn.

Im Regenwald wärs wirklich schön.

Die Schweine werden grad verladen.

Sie fahren Richtung Schweinebraten.

Wird so ein Schwein recht früh geweckt,

nichts Gutes oft dahinter steckt.

Dem Adler ist schon viel gelungen.

Er hat sich in die Luft geschwungen.

Von oben sieht er einen Hasen.

Der wird nicht mehr sehr lange grasen.

So ähnlich handhabt es der Hecht.

Für ihn startet der Tag nicht schlecht.

Bevor's im See beginnt zu tagen,

hat er schon einen Barsch im Magen.

Das Eichhörnchen lässt all dies kalt.

Auf einem Baum sitzt es im Wald,

wirft einen Blick kurz in die Runde

und denkt: „Ich schlaf noch eine Stunde."

Ich mache es dem Hörnchen gleich.

Noch eine Stunde Träumereich.

Ein Stündchen noch Matratze lauschen.

Da möchte man mit keinem tauschen.

Das mache ich später

Ich sollte längst mal die Garage aufräumen.

Dies tat ich bisher immer wieder versäumen.

Da sieht's vielleicht aus! Das müssten Sie sehen.

Dann würden Sie mein Problem auch verstehen.

Meine Frau sagt:

„Jetzt mach endlich und kein Gezeter."

Darauf sage ich: „Das mache ich später."

Ich schreibe zurzeit gerade einen Roman.

Action. Science-Fiction. Das kommt hoffentlich an.

Doch habe ich leider nicht jeden Tag Lust.

Kommt man nicht voran, dann wächst auch der Frust.

Im Schreibzirkel fragt nach dem

Fortschritt ein jeder.

Darauf sage ich: „Das mache ich später."

Das Abnehmen ist für mich auch ein Problem.

Ich frage mich manchmal, wie kann das wohl geh'n?

Man riet mir zu Sport und weniger Bier.

Noch ohne Veränderung sitze ich hier.

Ein Freund fragte:

„Machst Du jetzt Sport wie ein Blöder?"

Darauf sage ich: „Das mache ich später."

Vor Publikum lesen. Das ist schon recht schön.

Die heute hier sind, können das gut versteh'n.

Am Ende der Lesung starte ich den Versuch.

Ich frage ins Rund: „Kauft jemand ein Buch?"

Die Entscheidung ist leicht. Ent oder weder?

Darauf sagen Sie: „Das mache ich später."

Die Eindringlinge

Jedes Jahr das gleiche Grauen.

Meine Augen wütend schauen

auf ein Volk, das ich nicht mag,

immer schon, seit Jahr und Tag.

Sie versuchen, hier zu bleiben.

Ich will sie jedoch vertreiben.

Schließlich ist dies hier mein Haus.

Doch die machen sich nichts draus.

Laufen überall umher.

Machen mir das Leben schwer.

Sehen auch so anders aus.

Wie gesagt, für mich ein Graus.

Möchte sie manchmal zertreten.

Mag es aber nicht, zu töten.

Mir reicht, wenn ich diese Plage

ganz natürlich hier verjage.

Backpulver ist eine Waffe,

die ich mir legal verschaffe

in besonders harten Zeiten.

Ich kann Ameisen nicht leiden.

Lauschen in der Natur

Wenn man wirklich a l l e s hört,

ist man schnell reichlich verstört.

Glück hat, wer nicht ist geboren,

mit extremen Superohren.

Neulich war ich mal im Wald.

Unglaublich, wie es daraus schallt.

Ganz langsam ging ich dort hinein.

Wo mögen die Lärmquellen sein?

Da, so ein Stöhnen unterm Gras.

War es ein Igel, der dort saß?

Um jetzt genauer hinzusehen,

muss ich noch ein paar Schritte gehen.

Mein Blick sieht, wie der Boden bricht

und ein Pilz kommt direkt ans Licht.

Dieser ist jung, ganz frisch und stark.

Laut stöhnt das Moos, was ihn verbarg.

Über mir plötzlich ein Ächzen.

Ist es ein Specht, den ich hör krächzen?

Ein welkes Blatt löst sich vom Baum.

Vorbei nun dessen Sommertraum.

Laut kreischend taumelt es hinab

bis zu dem wummernd Endaufschlag.

Das laute Krachen ringsherum

zeigt, Blätter fallen niemals stumm.

Auch was sie treffen wird verletzt.

Jetzt bin ich doch total entsetzt.

Ein Farn unter dem Aufprall schreit.

Man hört es laut und reichlich weit.

Sanft streift der Wind über das Gras.

Leicht und poetisch sagt sich das.

Doch jeder Halm wimmert beim Biegen.

Dies hat man uns bisher verschwiegen.

Auch in der Schonung geht's laut her.

Geschont wird hier schon lang nicht mehr.

Die Pflanzenwelt, sie haut und sticht

Beim Kampf um Wärme und um Licht.

Auch Bäume mal zugrunde gehen.

Sie bleiben ja nicht ewig stehen.

Alles im Wald ist stark erregt,
wenn so ein Baum zu Boden schlägt.

Es ist ein wahrer Donnerhall.

Durch jedes Dickicht dringt der Schall.

Dies alles hör ich . . . und bleib stehen.

So kann ich nicht mehr weitergehen.

Vielleicht, das räum ich hier mal ein,

sind das Realphantastereien.

In Wirklichkeit höre ich schlecht . . .

Sagt meine Frau . . . und sie hat recht.

Doch ihr könnt es ja selbst probieren,

draußen im Wald alles studieren.

Geht einfach selbst hinaus zum Lauschen.

Hört mehr als Zwitschern, Brummen, Rauschen.

Die fünfte Jahreszeit

Fasching, Fastnacht, Karneval

feiert man fast überall.

Man hat Spaß in diesen Zeiten,

sich mal richtig zu verkleiden.

Schon bei Kindern geht das los.

Jungs als Cowboys – riesengroß.

Mädchen fühlen sich stets fein,

können sie Prinzessin sein.

Während man heut ins Kaufhaus geht,

ward früher alles selbst genäht.

Als Kostümvorbild, das weiß jeder,

gilt beim Verkleiden Markus Söder.

Wer damit hat noch nicht genug,

der geht zum Rosenmontagszug.

Dort trifft man Narren oder Jecken

und kann sich nach Kamelle strecken.

Satirisch kritisch geht ein Blick

hier auch in Richtung Politik.

Der Frohsinn wächst von Stund zu Stund.

Die Menschenschar ist kunterbunt.

Zeigt man beim Kostümieren Stil,

bleibt ein Problem: Man trinkt zu viel.

Drum haltet Maß, ob Mann, ob Frau.

Viel Spaß Euch allen und: „Helau!"

Code Manie

Es macht heutzutage Sinn,

sich zu merken manche PIN.

Hat man diese nicht zur Hand,

stößt man schnell auf Widerstand.

Ob in Freude oder Not.

Du brauchst einen Zugangscode.

Passwörter sind eine Plage.

Oft ganz wichtig, keine Frage.

Früher reichte nur ein Wort.

Heut schickt man dich damit fort.

Groß und Klein und Sonderzeichen

manchmal auch schon nicht mehr reichen.

Dieser Spruch macht jedem Kummer:

„Kennst Du Deine Steuernummer?"

Und verwechsle diese nie

mit Deiner Steuer-ID.

Auch die IBAN ist sehr wichtig.

Nur so geht das Banking richtig.

Der Anmeldename zählt,

will man ran ans eigene Geld.

Willst Du eBay-Kunde sein,

log Dich bitte erst mal ein.

Gleiches gilt für Amazon,

zuerst die PIN, das wisst Ihr schon.

Auch mein eigenes Telefon

denkt, ich wäre ein Spion.

Es will vorm Telefonieren

meinen Zeigefinger spüren.

Heut war noch: Gesicht erkennen!

Morgen dann: Gewicht benennen?

Und bald, jetzt seid auf der Hut,

will man einen Tropfen Blut.

Sicherheit hat ihren Preis.

Doch ein jeder Hacker weiß:

Gibt es früh den neuen Code,

knack ich ihn zum Abendrot.

Dicht, Dichter, am dichtesten

Es klappert die Mühle. Es rauscht der Bach.

Das macht zusammen ganz schön Krach.

Zwar winkt das Auge, doch tritt der Fuß.

Nicht unbedingt ein Hochgenuss.

Gar liebliche Worte in Rinden zu ritzen.

Wem soll denn so was bitte nützen?

Der Wagen beladen mit uralten Typen.

Da wäre ich lieber zu Hause geblieben.

Dort hätte ich an den Hähnen gedreht,

bis Wasser läuft von früh bis spät.

Ein See entsteht. Um Hilfe ich schrei.

Die brennende Schwalbe fliegt an mir vorbei.

Kam jemals bei Euch schon ein Vogel an

mit Briefen von Eurer Liebsten dran?

Zum Wandern mit Müller hab ich keine Lust.

Ich hätte viel lieber mal eines gewusst.

Wem fallen nur solche Zeilen ein?

Es kann doch eigentlich nicht sein,

dass man damit Erfolge hat

in Welt und Land, in Dorf und Stadt.

Vom fließenden Brunnen wird sehr gern gesungen.

Ist dieser Text wirklich so riesig gelungen?

Wo mögen die fleißigen Handwerker leben?

Und wo in der Welt regt sich Bildung und Streben?

So manches Mal horche ich an meiner Tür.

Von draußen her kommt aber keiner zu mir.

Kein König mich ruft nachts aus dem Erlenwald.

Im Frühtau wird mir ohnehin zu schnell kalt.

Die Kraniche ziehen an mir stets vorbei.

Das ist mir im Grunde jetzt auch einerlei.

Ich schmiede die Verse mit eigener Hand.

Das ist dann meist lustig und interessant.

Stranderlebnisse

Stranderlebnis 1

Bei Mondeslicht am weißen Strand

nahm ich sie zärtlich bei der Hand.

Sie fragte: „Was wird jetzt geschehen?"

Darauf ich: Das wirst Du gleich sehen."

Wir liebten uns im Abendlicht.

Ich spürte ihre Lippen dicht.

Über uns nur der Sternenhimmel.

Doch plötzlich – ein Geschmack von Kümmel.

Wir hatten intensiv geküsst.

Nun weiß ich, was sie gerne isst.

Stranderlebnis 2

Rioja und Flamenco-Klang,

ein Abend voller Überschwang.

Ich suchte ständig ihren Blick.

Und da – ein Lächeln kam zurück.

Wir tanzten in der Abendluft.

An ihrem Hals ein feiner Duft,

der jeden zur Ekstase bringt,

der da noch um Beherrschung ringt.

Wir liebten uns am Meeresstrand.

Dann war sie weg und ich voll Sand.

Stranderlebnis 3

Gewimmel herrscht am Ostseestrand.

Solch buntes Leben – allerhand.

Die Bratwurstbuden, die Gaststätten,

sie konnten sich bald nicht mehr retten.

Das Amt beschloss: „Macht alles zu!

Bei Lebensmitteln herrscht nun Ruh."

Die Strandgäste in Schwarz und Rot

haben von jetzt an Hausverbot.

Der Strand – ein Horror dieser Tage,

Dank der Marienkäfer-Plage.

Stranderlebnis 4

Es war am Müggelsee, Berlin.

Ein Kumpel schleppte mich dorthin.

Der FKK-Strand, brechend voll.

Die Dame neben mir echt toll.

Ich unterhielt mich gut mit ihr.

Sie drehte sich dabei zu mir.

Lang ausgestreckt hat sie sich auch.

Darum lag ich dann auf dem Bauch.

Der Abschied war auch echt bescheiden.

Sie ging, ich musste liegenbleiben.

Stranderlebnis 5

Die Sonne brannte gleißend hell.

Über den Sandstrand lief man schnell,

um im Atlantik sich zu kühlen.

Recht angenehm war das zu fühlen.

Das Wasser hier ist voller Salz.

Dies trocknet, klebt von Fuß bis Hals.

Ich streckte müde meine Glieder.

Die Sonne schien auf mich hernieder.

Schlafend am Strand von Concarneau

verbrannte ich mir meinen Po.

Stranderlebnis 6

Als ich noch jung war, vor sehr vielen Jahren,

bin ich oft ins Ferienlager gefahren.

Dort merkte ich nach Jahr und Tag,

dass ich die hübschen Mädchen mag.

Es gab diese Eine, die wollte auch wissen,

wie das so ist, das richtige Küssen.

Im Freilichtkino haben wir es probiert.

Es hat anfangs auch sehr gut funktioniert.

Nur einmal wurde uns angst und bange.

Man ist schnell mal verhakt, mit einer Zahnspange.

Stranderlebnis 7

Zu Hause hab ich einen Pool als Gewässer.

In mancher Hinsicht ist das sogar besser.

Zu ihm habe ich es nur zehn Meter weit.

Damit ist er praktisch stets einsatzbereit.

„Der hat es bequem", so mancher jetzt denkt.

Dazu sage ich ganz trocken. „Geschenkt."

So einen Pool muss man ständig umsorgen.

Schlimm wird es, wenn man dies schiebt auf morgen.

Gibt man sich bei seinem Pool keine Mühe,

hat man darin schnell eine grüne Brühe.

Stranderlebnis 8

Ich machte mit einer Schönheit einst klar:

Treff 20 Uhr in der strandnahen Bar.

Zu zeitig gekommen bestellte ich mir

schon mal einen Drink. Daraus wurden vier.

Ich bin eigentlich ein geduldiger Typ.

Doch was dieses Mädel da so mit mir trieb

war psychischer Stress in reinster Natur.

Ein Schluck aus dem Glas, ein Blick auf die Uhr.

Mit reichlich Verspätung erschien dann die Frau.

Ich war jedoch leider da schon blitzeblau.

Stranderlebnis 9

Es war Anfang Mai, der Frühling, recht kühl.

Die Ostsee war trotzdem das Urlaubsziel.

Wie Ihr alle wisst, bin ich gerne am Strand.

Ich liebe das Meer, die Wellen, den Sand.

Wenn ich schon mal hier bin, dann muss es auch sein,

ein kurzer Sprung in die Ostsee hinein.

Ich zog mich schnell aus und mit reichlich Mut

begab ich mich in die nass kühle Flut.

Wie kalt es war, merkte ich kurze Zeit später.

Ich würde mal schätzen, kaum zwei Zentimeter.

Stranderlebnis 10

Auf Rügen gab es damals einsame Strände.

Bei Dranske im Norden war so ein Gelände.

Am Abend durfte man dorthin nicht mehr.

Der Strand war schon Grenzgebiet der DDR.

Ich hielt mich bestimmt für besonders schlau

und kuschelte nächtens dort mit einer Frau.

Natürlich wurden wir dabei entdeckt.

Die Grenztruppen haben uns furchtbar erschreckt.

Ein Scheinwerfer leuchtete grell auf uns zwei.

Ein Grenzer rief: „Anziehen. Der Sex ist vorbei."

Manchmal sieht man etwas, bei dem

einen in gewisser Weise doch ein

wenig der Mund offen stehen bleibt.

Über so manche Dinge können wir

Menschen nur STAUNEN oder

sie als kurios einordnen.

Mond

Sein Licht verblasst im Morgengrauen.

Noch einmal lohnt es sich, zu schauen

auf diesen himmlischen Giganten,

dem riesig großen Erdtrabanten.

Bald ist sein Glanz für mich verschwunden.

Doch hat er in den letzten Stunden

die Nacht verziert mit gelbem Schein.

Dies wird so schnell nicht wieder sein.

Wenn heut die Sonne untergeht,

der Mond wieder am Himmel steht,

sieht man ihn nicht mehr ganz so rund.

Von rechts beginnt der Vollkreisschwund.

Wer diese Kugel nachts betrachtet

und ganz genau auf alles achtet,

wird bald, nach vierzehn vollen Tagen,

den total Leuchtverlust beklagen.

Neumond heißt dieses Phänomen.
Vom Erdtrabant ist nichts zu seh'n.
Da es nach Kosmos-Regeln geht,
ein neuer Vollmond bald entsteht.

Was startet stets als Sichelform
in knapp zwei Wochen reift enorm
erneut zu einem vollen Mond.
Ein Anblick, der sich immer lohnt.

Der Pflasterstein

Er ist nicht groß und auch nicht klein,

zwölf Zentimeter im Kubik.

Zu übersehen ist er nicht.

Die Würfelform, ganz zeitlos chic.

Einst war er mächtig im Verbund,

Millionen Tonnen aus Granit

Big Pack heißt dieser große Sack,

in dem man ihn jetzt nicht mehr sieht.

In Stücke wurden sie geschnitten,

nach Qualität dann aussortiert.

Er war wohl ziemlich gut gelungen.

Ab in den Sack und transportiert.

Wie seine Schwestern, seine Brüder

wurde er so zum Pflasterstein,

jetzt auf dem Weg zur Baustelle.

Dort setzt man ihn sicher bald ein.

Natursteinpflaster ist begehrt.

Das weiß ein jeder wohl zu schätzen.

Ein guter Fachmann wird gebraucht,

um jeden Stein perfekt zu setzen.

Auf einem Platz weit von der Heimat

kommt der Granitstein dann auch an.

Er findet seinen Ruhepunkt

wo später man flanieren kann.

Man sagt: Ein Stein hat keine Seele.

Doch fühle ich mit jedem mit.

Hab oft solch Steine selbst verbaut

aus Porphyr, Basalt und Granit.

Die Welle

Die Welle nagt am Uferrand.

Schwappt leicht über den Ostseerand.

Bewegt die kleinen Körner sacht,

ob es nun Tag ist, oder Nacht.

Die Welle kommt von weit daher.

Und geht der Wind mal richtig schwer,

wird sie bald an der Düne lecken,

sich Richtung Wald und Gräsern strecken.

Die Welle ist bei Sturm enthemmt.

Schnell wird die Küste weggeschwemmt.

Wände aus Sand und Kalk verschwinden,

um mit dem Meer sich zu verbinden.

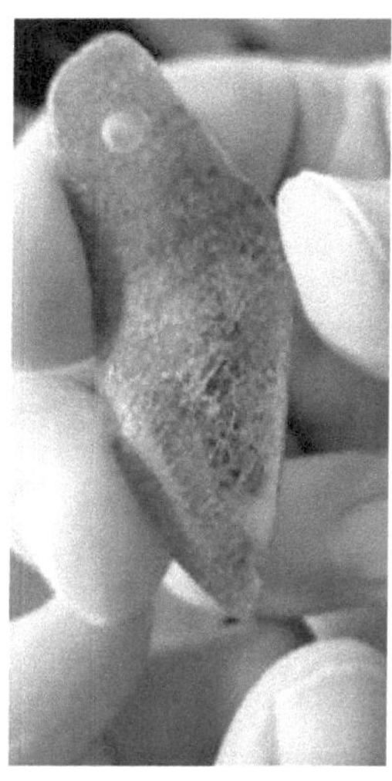

Die Welle bringt auch manches mit.

Bernstein ist da der größte Hit.

Auch Hühnergötter sind dabei

und Muschelschalen allerlei.

Die Welle, ob groß oder klein,

wird stets eine Konstante sein.

Mit ihrer Kraft, welche enorm,

bringt sie Küste in die Form.

Tiden

Es ist eine Kraft, die macht vor nichts Halt,

seit ewigen Zeiten mit gleicher Gewalt.

Sie wirkt praktisch ständig direkt auf das Meer.

Schiebt riesige Mengen an Wasser umher.

Sie ist unabhängig von Tag oder Nacht.

Auch Jahreszeiten haben da keine Macht.

Dagegenzuhalten, geht meistens nicht gut.

Man hat keine Chance gegen Ebbe und Flut.

Bei Ebbe zieht sich das Wasser zurück.

Begehbar der Boden des Meeres ein Stück.

Felsen und Sand liegen zeitweise frei.

Muscheln und Austern sind auch mit dabei.

Es gibt Orte, da sieht man kein Wasser mehr

und zu manchen Inseln herrscht Wanderverkehr.

Doch kommen zurück bald die Salzwassermassen.

Sie können Dich, bist Du noch draußen, erfassen.

Dem Wasser soll man auf die Fließrichtung schauen.

Beim Wandern stets Zeitreserven einbauen.

Das Nass kehrt zurück, sehr oft recht rasant.

Und sicher ist man erst tatsächlich an Land.

Der Tidenhub, ein Werk von Sonne und Mond

und Schauspiel, dem Faszination innewohnt.

Man fragt sich, wo nimmt die Natur das nur her?

Ebbe und Flut, einfach spektakulär.

Eklipse 1999

Es wird kein Tag wie jeder andere,

nicht so, wie viele im August.

Einmalig soll es heute werden.

Das war uns allen wohl bewusst.

Ein gut gewählter Urlaubsort

fiel uns ganz passend dazu ein.

Nach Ungarn ging die Ferientour.

Am Balaton ist Sonnenschein.

Die große Wiese vor dem Kloster

in Tihanyi, unser Platz der Wahl.

Wir waren nicht die Einzigen.

Touristen dort in großer Zahl.

Das Fernsehen hat sich aufgebaut

mit Kameras und Autokran.

„I see, you are here well prepared",

sprach ein Reporter uns gleich an.

Man blickte bang zum Himmelszelt.

Man sah noch kleine Wolken ziehen.

Es war jedoch noch nicht so weit.

Sie sollten dann auch sehr bald fliehen.

Es war ein großes Sprachgewirr

an jenem Platz, den wir gewählt.

Das Umfeld toll, Aussicht genial.

Genau das ist es, was heut zählt.

Und wieder geht der Blick hinauf.

Da ist auch noch ein Wolkenrest.

Doch den verweht der seichte Wind.

Nichts wird verderben dieses Fest.

Ein Schatten schiebt sich vor die Sonne.

Der gelbe Stern verliert an Licht.

Die Menschen ringsum fasziniert.

So einzigartig diese Sicht.

Die kleinen Fliegen bilden Trauben,

schwirrend in Abendformation.

Es wird auf einmal etwas kühler,

mittags um Eins am Balaton.

Die Ehrfurcht steht in den Gesichtern.

Der Mond verschlingt den letzten Strahl.

Es ist ein wahrer Höhepunkt.

Die Sonnenfinsternis total.

Auf Booten leuchten jetzt die Lichter.

Die Straßenlampen flammen auf.

Es klicken Fotoapparate.

Das muss auf alle Filme drauf.

Wir sind alle total begeistert.

Die Menschen strahlen hochbeglückt.

Applaus und Jubel sind zu hören.

Für den Moment der Welt entrückt.

Es dauerte knapp zwei Minuten.

Sie waren für die Ewigkeit.

Keiner wird diesen Tag vergessen.

Gedanken für den Rest der Zeit.

Totale Sonnenfinsternis,

optisches Schauspiel und Geschenk.

Noch immer hab ich Gänsehaut,

wenn ich mal wieder daran denk.

Poesie

Reimt es sich? Oder auch nicht?

Ist das wirklich ein Gedicht?

Ohne Maß und ohne Reim.

Darf das überhaupt so sein?

Oftmals ungereimte Verse

starten eine Kontroverse.

Was die Einen gerne sehn,

finden andere nicht schön.

Doch so mancher denkt sich dann,

auf den Inhalt kommt es an.

Wenn es gut geschrieben ist,

wird der Reim auch nicht vermisst.

Hauptsache ist doch der Sinn,

Inhalt und Substanz darin,

dazu Witz und Fantasie.

Nennen wir es Poesie.

Sollte Ihnen das soeben
Gelesene gefallen haben,
empfehle ich (auch ein
wenig eigennützig) den
Vorgänger „ReimZeit“.
Bestellen Sie am besten
direkt bei BoD. Die ISBN
lautet:
9 783750 471382
EUR   4,99

Ebenfalls erhältlich ist
bei BoD mein lyrisches
(richtiges) Kochbuch
„Die ReimKüche“.
Die Rezepte kommen
ohne all diese Schicki-
Micki Zutaten aus.
ISBN:
9 783756 833986
EUR: 12,99